인생을 바꾸는
100일 마음챙김

인생을 바꾸는
100일 마음챙김

쓸수록 마음이 편안해지는 하루 한 장 명상

채환 지음

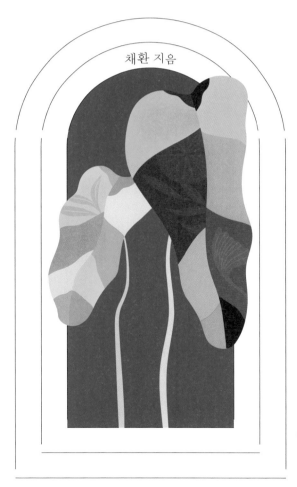

중앙books

100일 동안
하루 한 장 명상을 통해
걱정 없고 평온한 인생을
만들어가길

3단계　　　알아차리기

이미 행복하고
사랑스러운 존재임에
감사합니다
감사합니다

삶의 인연을 바라보기

마음에서 시작되었다. 일체 모든 인연들이 내 안에 있었다. 나쁜 것보다 좋은 것, 부정적인 것보다 긍정적인 것, 나보다 우리, 우리 모두의 것이다. 당신이 웃으니 나도 웃고, 우리가 웃으니 세상도 웃는다. 내게 돌아올 것, 미소뿐이다.

내가 만나는 모든 인연이 건강하기를
내가 아는 모든 인연이 편안하기를
가난과 부족에서 벗어나 풍요롭기를
내가 아는 모든 인연이
슬픔과 우울에서 벗어나 평온하기를
내가 아는 모든 인연이
번뇌와 고통에서 벗어나 행복하기를

이미 그렇게 되었으매
감사합니다
감사합니다

온전한 나를 바라보기

혼자 있는 시간이 나를 돌보는 시간이다. 지켜보는 시간이 마음을 돌보는 시간이다. 바라보는 시간이 내면을 읽는 시간이다. 생각하고 이해하고 채워지고 비워진다. 보듬고 성장하고 소중하게 안아준다. 인연은 계속된다. 치유되고 흘러간다.

나는 나를 바라본다
나는 나를 돌아본다
나는 나를 돌본다
나는 나를 비운다
나는 나를 뿌리고
나는 나를 꽃피운다

이미 몸과 마음이 온화해졌으매

감사합니다

감사합니다

그대로 바라보기

물건을 바라보기, 마음을 바라보기, 지켜보고 바라보기, 그대로 바라보기, 겸허히 바라보고, 담담히 바라보기, 받아들이며 바라보고, 모르는 채 바라보기.

나는 나를 바라본다
나는 나를 있는 그대로 바라본다
나는 나를 있는 그대로 인정한다
나는 나를 있는 그대로 받아들인다

나는 나를 남과 비교하지 않는다
나는 나를 존중한다
나는 나를 사랑한다
나는 나를 바라보기로 한다
나는 나를 있는 그대로 바라보기로 한다

있는 그대로 바라보고 있으매
감사합니다
감사합니다

마음을 바라보기

마음이 여러 갈래로 일어나도 곧 한 마음으로 믿고 맡겨라. 한 마음을 바라보니 두 마음 일어나지 않고, 두 마음이 일어나지 않으니 한 마음조차 멈춘다네.

질투하는 마음이 깊어지면
시기하는 마음이 생기고
그 마음이 깊어지면 미워하는 마음이 생기고
미워하는 마음이 깊어지면
원망하는 마음이 생기고
원망하는 마음이 깊어지면 내 마음속 상처의 골만 깊어진다
내 마음에 상처가 깊어지기 전
원망하는 마음을 내려놓고
미워하는 마음을 내려놓으며
시기하는 마음도 내려놓고
질투하는 마음을 내려놓아라
질투하는 마음이 생기기 전
비교하는 마음도 내려놓아라

이미 한마음이 되었으매
감사합니다
감사합니다

하나로 바라보기

하나가 잘 되는 길은 모두가 잘 되는 길. 하나가 건강한 길은 모두가 건강한 길. 하나가 순조로운 길은 모두가 순조로운 길. 하나가 감사하는 길은 모두가 감사하는 길. 하나가 기도하는 길은 모두가 기도하는 길. 둘이 하나가 되는 길은 모두가 하나 되는 길.

내가 만나는 인연은 둘이 아니다
내가 만나는 존재들은 곧 나의 모습이다
내가 만나는 모든 인연이 잘 된다
내가 만난 모든 존재들이 건강하다
내가 만난 모든 것들이 순조롭다

내게 인연 지어진 모든 상황들을
그저 감사하게 바라본다

이미 하나가 되었으매
감사합니다
감사합니다

내면을 바라보기

나의 안을 자주 살펴보라. 나의 내면을 가능한 자세히, 더 고요히, 더 찬찬히 볼수록 분명하게 보인다. 오래 보면 절로 알게 된다. 마음을 알면 마음도 곧 사라진다.

모든 시작도 내 안에 있다
모든 정답은 내 안에 있다
모든 원인은 내 안에 있다
모든 진리도 내 안에 있다

나는 지금 바라본다
나는 지금 내려놓는다
나는 지금 놓아버린다
나는 지금 흘려보낸다
나는 지금 비워낸다

모두 내 안에서 시작되었음을
알게 되어
감사합니다
감사합니다

고요함을 바라보기

있는 그대로 있으라. 불편해하지 마라. 원래는 그렇지 않았다. 평화로웠다. 본래 안 그
랬다. 착각을 깨자. 원래 내 모습을 보자. 나의 진짜 이름은, 고요다.

나는 온전하다
나는 지금 이대로 온전하다

나는 고요하다
나는 지금 이대로 고요하다

나는 평화롭다
나는 지금 이대로 평화롭다

나는 본래 온전하다
나는 본래 고요하다
나는 본래 평화롭다

나는 온전한 존재다
나는 온전하다
온전하다

이미 온전하매
감사합니다
감사합니다

믿으며 바라보기

상상하라. 의심하지 말고. 믿어보라. 깊은 믿음으로. 만족하라. 이미 다 가졌다.

나의 상상은 현실이 된다

나는 매 순간 만족한다

나는 나의 잠재의식을 믿는다

나의 잠재의식은 무한한 능력이 있다

나의 잠재의식은 내 편이다

나는 세상 그 누구도 아닌 나 자신이 된다

나는 내가 목표로 삼고 있는 성공으로 간다

그 모습은 점점 커져간다

내가 원하는 모습을 향해 간다

앞으로 나의 삶은 점점 더 풍요로워진다

나는 원하는 모든 소원을 이룰 수 있다

내가 원하는 모든 소원은 다 이루어진다

내 소원은 이미 이루어졌다

이미 믿음 속에 있으매

감사합니다

감사합니다

눈앞을 바라보기

나타나는 건, 나타날 이유가 있다. 보이는 건, 보일 이유가 있다. 들리는 건, 들릴 이유
가 있다. 감사하는 건, 감사할 이유가 있다. 살아 있는 건, 살아 있을 이유가 있다.

나는 오늘부터 내 눈앞에 나타나는
모든 인연을 평등한 마음으로 대한다
나는 오늘부터 내 눈앞에 나타나는
모든 인연을 밝은 마음으로 대한다
나는 오늘부터 내 눈앞에 나타나는
모든 인연을 사랑의 마음으로 대한다
나는 오늘부터 내 눈앞에 나타나는
모든 인연을 희망의 마음으로 대한다
나는 오늘부터 내 눈앞에 나타나는
모든 인연을 감사의 마음으로 대한다

삶의 이유를 알게 되었으매
감사합니다
감사합니다

괜찮게 바라보기

조금 쉬어도 괜찮다. 조금 늦어도 괜찮다. 조금 아파도 괜찮다. 조금 힘들어도 괜찮다.
다 괜찮다. 괜찮다.

나는 괜찮다
나는 이미 괜찮다
나는 모든 면에서 괜찮다

나는 나를 안아준다
나는 나를 아낀다
나는 나를 토닥인다

나는 괜찮아지고 있다
나는 이미 괜찮아지고 있다
나는 모든 면에서 괜찮아지고 있다

이미 괜찮아지고 있으매

감사합니다

감사합니다

온전히 바라보기

그대로 바라보니 온전하더라. 하나밖에 없다고 바라보니, 귀하더라. 태어난 그대로 바라보니, 신비롭더라. 신비롭게 바라보니, 평범하더라. 평범하게 바라보니, 진리더라.

태어난 존재 그대로 나는 온전한 존재다

나는 이 세상에 하나뿐이다

우주에 하나밖에 없는 나

나는 나를 소중히 여긴다

나는 나를 그대로 온전히 사랑한다

온전히 그대로 나를 바라본다

태어난 그대로인 내가 신비롭다

온전한 나는 완전한 존재다

완전한 나는 평범하다

평범한 나는 온전하다

이미 온전한 존재임에
감사합니다
감사합니다

몸과 마음을 바라보기 · 2

몸속에 마음 있네. 마음속에 몸 있네. 어디에도 치우치지 않는 몸속에. 어디에도 부딪침 없는 마음 있네. 어디에도, 그 어디에서도, 몸 마음 둘이 아니네.

나의 몸은 편안하다

나의 마음은 편안하다

나의 몸은 건강하다

나의 마음은 건강하다

나는 기분이 좋고 기쁜 마음을 가지고 있다

나의 근육과 피부는 언제나 탄력이 넘친다

나의 모든 장기는 항상 평온하고 활력 있다

나의 몸과 마음은 자유롭다

나는 스트레스에도 자유롭다

나는 나를 조절한다

나의 혈관과 순환기는 매일매일 좋아지고 건강해진다

나의 내장 기관과 소화기능은 활발하고 기력이 넘친다

나는 건강한 나의 몸을 한없는 사랑으로 대한다

나는 건강하다

나의 몸은 편안하다

나의 마음 역시 편안하다

이미 몸과 마음이 편안하게 되었으매

감사합니다

감사합니다

믿으며 바라보기

이루어진다 믿으면 이루어진다. 행복해진다 믿으면 행복해진다. 주인공이다 믿으면 주인공이 된다. 좋아진다 믿으면 좋아진다. 성장한다 믿으면 성장한다. 용기 있다 믿으면 용감해진다. 믿으면 된다. 믿으면 그렇게 된다. 믿으면 믿어진다.

나는 믿는다
나는 이루어진다는 것을 믿는다
나는 행복해진다는 것을 믿는다
나는 주인공이라는 것을 믿는다
나는 성장하고 있다는 것을 믿는다
나는 기적이라는 것을 믿는다
나는 나의 용기를 믿는다
나는 힘이 있다는 것을 믿는다

내가 믿는 모든 것은
내가 믿는 대로 이루어진다

이미 모든 면에서
믿음이 생겼으매
감사합니다
감사합니다

차분히 바라보기

평온하니 부족함이 없고, 부족하지 않으니 넘치지도 않는다. 차분하니 담담하고, 담담하니 흘러간다. 알아서 찾아가니, 평온이 반겨준다.

나는 차분하다
나는 충만하다
나는 담담하다
나는 평온하다

나의 에너지는 차분하다
나의 에너지는 충만하다
나의 에너지는 담담하다
나의 에너지는 평온하다

나는 채워진다
나는 자연스럽게 충만해진다
나는 정화되고 깨끗해진다

나는 차분하고 담담하다
나는 평온하고 충만하다

이미 모든 면에서 차분하매

감사합니다

감사합니다

알고 바라보기

이루려고 하면 잘 안 된다. 이루어지지 않을 수도 있으니까. 그런데 사실 안 이루어져도 괜찮다. 혹여 슬픔에 빠져도 그래도 괜찮다. 아픔을 느낀다는 건 고칠 수 있다는 의미니까. 통증이 있다는 건 없앨 수 있는 힘도 있다는 거니까. 알면 되니까, 괜찮다.

나는 압니다
나는 마음을 압니다
나는 마음에서 시작됨을 압니다
나는 힘이 있음을 압니다
나는 괜찮음을 압니다
나는 감사함을 압니다
나는 덕분임을 압니다
나는 희망임을 압니다

이미 모든 것을 알고 있으매
감사합니다
감사합니다

사랑을 바라보기

사랑을 기다리다 지쳐버릴지도 모른다. 사랑을 찾다가 길을 잃을지도 모른다. 막연히 떠나는 게 답이 아닐지도 모른다. 지금 여기에 있을지도 모른다. 찾아 헤매던 그게 설마 나일지도 모른다.

나는 세상 그 누구도 아닌 내가 좋다

나는 지금 그대로 나를 사랑한다

나는 나를 더 많이 안아준다

세상에 하나밖에 없는 나를 더 많이 안아준다

더 많이 사랑한다

그 누구도 아닌 나를

더 많이 사랑한다

더 많이 축복하고 더 많은 사랑을 준다

그 어떤 존재보다 더 깊이 나를 사랑한다

진심으로 아끼고 진심으로 사랑한다

오늘도 내일도 더 많이

나는 나를 사랑한다

사랑한다

나를

이미 나를 사랑하고 있으매
감사합니다
감사합니다

생각을 바라보기

생각이 일어나면 바라보기. 생각이 일어나면 지켜보기. 생각이 일어나면 알아차리기.
생각이 일어나면 깨어 있기. 생각이 일어나면 흘려보내기. 생각이 사라지면 사라지는
대로, 찾아오면 찾아오는 대로, 모두 그저, 한 생각일 뿐. 생각일 뿐.

생각이 일어나면 바라본다

생각이 일어나면 지켜본다

생각이 일어나면 알아차린다

생각이 일어나면 깨어 있는다

생각이 일어나면 흘려보낸다

과거는 지나갔고

미래는 오지 않았으며

지금만 존재한다

지금을 바라본다

그냥 물끄러미 바라본다

바라보고 바라보면

모두 사라진다

바라보다 보면

보는 이도 사라진다

이미 모든 생각이 흘러가고 있으매
감사합니다
감사합니다

오늘을 바라보기

묻어 두었던 걸 다시 캐낸다. 캐내다 털어내보니 줄기가 아니라 뿌리였다. 뿌리가 아닌 미래를 받아들이라 했다. 뿌리인 척 하는 과거에게 인정하라 했다. 끊임없이 알아차리고 깨어 있으며, 캐고 또 캐내본다. 털고 또 털어본다. 오늘이 나왔다. 지금이 나왔다.

나는 오늘도 바라본다

나는 오늘도 잘 바라본다

나는 오늘도 나를 잘 지켜본다

나는 오늘도 나를 잘 받아들인다

나는 오늘도 나를 잘 인정한다

나는 오늘도 알아차린다

나는 오늘도 깨어 있는다

나는 오늘도

나를 오늘한다

오늘 지금

다시 오늘

지금 속에 살고 있으매
감사합니다
감사합니다

바라봄의 기도

나는 오늘
내 앞에 일어나는 모든 순간을
있는 그대로 바라봅니다

나는 오늘
내 앞에 마주하는 모든 인연을
있는 그대로 바라봅니다

나는 오늘
내 앞에 펼쳐지는 모든 상황을
아무런 감정 내지 않고
있는 그대로 바라봅니다

바라봅니다
바라봅니다

이미 매 순간 깨어 있으매
감사합니다
감사합니다

편안함으로 깨어 있기

편안한 얼굴 속에 편안한 표정이 머물고, 편안한 표정 속에 편안한 미소가 머문다. 편안한 미소 속에 편안한 숨결 찾아오고, 편안한 숨결 속에 편안한 몸이 반긴다. 편안한 몸속에 편안한 마음이 찾아온다.

나의 얼굴은 편안하다

나의 표정도 편안하다

나의 미소는 편안하다

나의 숨결은 편안하다

나의 몸도 편안하다

나의 마음은 편안하다

나의 모든 것이 편안하다

나는 모든 면에서 편안하다

나의 삶은 편안하다

이미 내 몸과 마음

온전히 편안해지고 있으매

감사합니다

감사합니다

선함으로 깨어 있기

선함은 선함을 부르고, 악함은 악함을 부르네. 선함은 행복을 부르고, 악함은 불행을 부르네. 선함은 즐거움을 부르고, 악함은 괴로움을 부르네.

나는 선하다

나는 선한 마음이 좋다

나는 선한 말을 한다

나는 선한 생각을 한다

나는 선하게 살아간다

나는 선한 마음을 낸다

나는 선한 삶을 살아간다

하루하루 선하고 선한 마음을 내며 살아간다

선하게 살아가니 예상치 못한 큰 복이 들어온다

모든 면에서 선하니 참 좋은 인연이 찾아온다

이미 선한 마음으로
살아가고 있으매
감사합니다
감사합니다

감사하며 깨어 있기

감사하니 감사한 일을 만나더라. 감사하니 감사한 사람을 만나더라. 감사하니 감사한 인연을 짓게 되고, 감사하니 감사한 삶이 이어지더라. 다만 감사하니 감사한 일이 생기더라.

감사하면 여유로워진다

감사하면 편안해진다

감사하면 좋은 일이 생긴다

감사하면 좋은 사람이 찾아온다

감사하면 운이 풀린다

감사하면 건강해진다

감사하면 감사한 일들이

감사하게 찾아온다

매일 감사하면

매일 감사한 삶을 산다

나는 감사합니다

나는 지금 감사합니다

나는 매 순간 감사합니다

나는 여전히 감사합니다

이미 감사함 속에 살고 있으매
감사합니다
감사합니다

변함 속에 깨어 있기·1

힘들었다. 가슴 저릴 만큼. 눈물겨울 만큼 몸서리친 후 수많은 별이 생겼다. 그리고 다시 사라졌다. 매일 태양이 뜨고 밤마다 달이 졌다. 그게 자연스럽다는 걸 몰랐다. 이제 알 것 같다. 시간이 흐르면 결국 변한다는 걸. 난 이렇게 변할련다. 결국엔 좋아진다고, 결국에 나아진다고, 그러니 괜찮다고.

나는 좋아진다

나는 괜찮아진다

나는 나아진다

나는 개선된다

나는 상승한다

나는 결국 좋아진다

나는 결국 괜찮아진다

나는 결국 나아진다

나는 결국 된다

괜찮다 괜찮다 모두 다 괜찮다

괜찮다 괜찮다 지금 그대로 괜찮다

괜찮다 괜찮다 모두 다 괜찮다

이미 내 감정이

기쁨과 행복을 선택하고 있으매

감사합니다

감사합니다

행운 속에 깨어 있기

운이 좋아지는 방법은 무엇일까? 편안하면 운이 좋아진다. 미소 지으면 운이 좋아지고 자연스러우면 운이 좋아진다. 나누면 운이 좋아지고 베풀면 운이 좋아진다. 비우면 운이 더 좋아진다. 이것이 전부다.

나는 웃는다

나는 편안하다

나는 운이 좋다

나는 운이 좋은 존재이다

매일매일 내 삶의 운은 좋아진다

하루하루 운이 좋아지고 있다

내 삶의 운은 점점 더 상승된다

내 삶의 운은 매일매일 좋아진다

내 인생의 운은 매일매일 좋아진다

날마다 날마다 내 삶의 운이 점점 더 상승된다

날마다 날마다 내 삶의 운이 점점 더 좋아진다

나는 운이 좋은 사람이다

나는 운이 좋다

이미 모든 면에서 나누고 있으매
감사합니다
감사합니다

흔들림 속에 깨어 있기

마음이 흔들리면 인생도 흔들린다. 하지만 두려워 말자. 흔들리며 사는 것이 인생이다. 인생살이 흔들리지 않는 것이 없으니, 내 마음이 흔들리듯, 세상살이도 흔들리며 살아 간다. 흔들림. 그것은 생명이고 에너지다.

흔들려도 괜찮다

넘어져도 괜찮다

잠시 멈춰도 괜찮다

흔들리는 것이 인생이기에

흔들리는 것이 삶이기에

나는 이제 흔들려도 괜찮다

흔들림 또한 인생이다

흔들림 또한 살아가는 한 모습이다

가끔은 흔들려도 괜찮다

흔들려도 괜찮다

괜찮다

이미 흔들림을 알고
살아가고 있으매
감사합니다
감사합니다

'덕분' 속에 깨어 있기

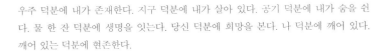

우주 덕분에 내가 존재한다. 지구 덕분에 내가 살아 있다. 공기 덕분에 내가 숨을 쉰다. 물 한 잔 덕분에 생명을 잇는다. 당신 덕분에 희망을 본다. 나 덕분에 깨어 있다. 깨어 있는 덕분에 현존한다.

덕분입니다

모든 것이 덕분입니다

내가 한 것은 아무것도 없습니다

그저 존재할 수 있게 해주셔서 감사합니다

그저 숨쉴 수 있게 해주셔서 감사합니다

모든 인연에 감사합니다

모든 존재들 덕분에 살아갑니다

모든 인연 덕분에 내가 지금 존재합니다

그저 덕분입니다

모든 순간 감사하며 살겠습니다

모든 인연들에 감사하며 살겠습니다

모든 존재들에 감사하며 살겠습니다

내가 가는 이 길이
평화와 희망의 길임을 알게 해주셔서
감사합니다
감사합니다

이 순간 속에 깨어 있기

깨어 있음이란 주변에서 일어나는 일들을 매 순간 온전히 알아차리는 것이다. 지금 현재에 머무르는 것이다. 과거는 이미 지나갔고 미래는 아직 오지 않았다. 확실한 건, 내가 지금 여기에 머물고 있다는 것뿐. 내가 지금 존재하고 있다는 것뿐. 내가 지금 깨어 있다는 것뿐.

나는 오로지 지금 이 순간에 있다

오로지 지금 이 순간에 깨어 있다

지금 이 순간만이 진짜다

지금 이 순간만이 전부다

지금이 전부다

전부가 지금이다

바로 지금

깨어 있는 나

이미 순간순간마다
깨어 있으매
감사합니다
감사합니다

눈을 뜨고 깨어 있기

눈을 떠보자. 길가의 풀 한 포기도 눈을 뜨면 그 안에 우주가 보이고. 강가의 돌멩이 하나도 눈을 뜨면 수천 년 동안 지구를 지키던 바위임을 알게 된다. 떨어지는 낙엽 하나도 눈을 뜨면 대지를 비옥하게 하는 거름임을 알고, 내리는 빗방울 하나도 눈을 뜨면 대해로 향해 가는 긴 여정임을 안다.

나는 눈을 뜬다
지금 제대로 눈을 뜬다
이 세상은 어둡지 않다
눈을 감고 바라보니 어둡다

나는 눈을 뜬다
눈을 뜨고 이 세상을 바라본다
나는 지금 깨어 있는 마음으로 세상을 본다
눈부실 만큼 귀한 세상이 나를 기다린다

오늘도 눈을 뜬다
지금 바로 눈을 뜬다
뜬다

나는 매 순간 눈을 뜨고 마음을 열고
세상을 바로 보고 있으매
감사합니다
감사합니다

마음먹으며 깨어 있기

이루어진다. 당신이 원하는 대로. 마음먹어보자, 당신이 하고 싶은 대로. 그리고 말해 보라. 지금 우주는 기다리고 있다. 당신의 명령을.

나는 마음먹는다
지금 마음먹는다
나는 지금 마음먹는다 건강해진다고
나는 지금 마음먹는다 부자가 된다고
나는 지금 마음먹는다 행복해진다고
나는 지금 마음먹는다 쾌활해진다고
나는 지금 마음먹는다 희망을 가진다고
나는 지금 마음먹는다 내 삶은 언제나 좋다고
나는 지금 마음먹는다 그대로 완전한 존재라고

내가 마음먹은 대로 모든 것이 된다
내가 마음먹은 대로 모든 것이 이루어진다

이미 내가 원하는 대로
마음먹은 대로
이루어지고 있으매
감사합니다
감사합니다

나를 속박하는 나에게서 깨어 있기

사로잡히지 마라. '옳다'라는 생각에 머물지 마라. '맞다'라는 생각에 옳고 그름은 없다. 다만 결정하는 존재만 있을 뿐. 힘들게 하지 마라. 내가 나를 가장 힘들게 하고 내가 나를 가장 불안하게 한다. 내가 나를 지치게 하고 내가 나를 포기하게 한다. 내가 나를 실망하게 하고 나를 힘들게 하는 것은 나밖에 없다.

모든 시작은 내 안에 있다

모든 기쁨도 내 안에 있다

모든 환희도 내 안에 있다

모든 사랑도 내 안에 있다

모든 행복도 내 안에 있다

모든 희망도 내 안에 있다

모든 진리도 내 안에 있다

내가 나를 가장 힘들게 하는
존재임을 알게 해주셔서
감사합니다
감사합니다

집착 속에 깨어 있기

사자는 소리에 놀라지 않는다. 바람은 그물에 걸리지 않는다. 연꽃은 진흙에 물들지 않는다. 무소의 뿔은 머무르지 않는다. 모든 근심과 걱정의 원인은 집착에서 시작되고, 집착이 시작되면 반드시 고통이 따른다. 모든 집착을 내려놓고 하늘의 뜻과 자연의 섭리에 따라. 물 흐르듯 흘러간다.

나는 집착하지 않습니다

물질과 인연에 집착하지 않습니다

나는 사랑에 집착하지 않습니다

어떠한 것에도 얽매이지 않습니다

나는 많이 가졌다고 자만하지 않습니다

적게 가졌다고 위축되지 않습니다

나는 어떠한 느낌과 기분에 집착하지 않습니다

나는 살아 있으되 너무 애쓰지 않습니다

나는 다만 흘러갑니다

물 흐르듯

살아가는 동안 집착이 일어남을 알고
매 순간 깨어 있게 해주셔서
감사합니다
감사합니다

큰마음 안에 깨어 있기

나에게 좋은 일이 찾아오길 바라는 마음이 있다면, 남에게 먼저 그 마음을 낸다. 남에게 한 것은 나에게 되돌아오기 마련이다. 스쳐 지나가는 모든 인연에게 큰마음을 낸다. 내가 만나는 모든 인연들이여, 항상 좋은 일들이 가득 생기시길 기도합니다.

내가 만나는 모든 인연에게

좋은 일이 끊임없이 밀려온다

좋은 일이 눈사태처럼 찾아온다

좋은 일이 구름처럼 몰려온다

좋은 일이 저절로 찾아온다

좋은 일이 끊임없이 다가온다

좋은 일이 숨 쉬듯 찾아온다

좋은 일이 내 삶에 가득하다

내가 만나는 모든 인연들에게
좋은 일이 가득하매
감사합니다
감사합니다

깨어 있기의 기도

나는 오늘
내 눈앞에 보이는 모든 순간을
긍정적인 마음으로 깨어 있습니다

나는 오늘
내 눈앞에 나타나는 모든 인연 앞에
감사한 마음으로 깨어 있습니다

나는 오늘
내 눈앞에 펼쳐지는 모든 상황에서
평화로운 마음으로 깨어 있습니다

따뜻한 마음으로 깨어 있기를
고요한 마음으로 깨어 있기를

3단계
———

알아차리기

DAY 51~DAY 75

지금 무엇을 알아가며 살고 있나요?
살아 있다는 것을 깨닫고, 또 알고 있나요?
먹을 때나 말할 때나 길을 걸을 때나
그 일을 내가 알고 하는 것인가요?

알아차림이란, 곧 나를 매 순간 비추는 거울입니다.
감정과, 욕구, 내면 모두
거울에 비춰보는 것입니다.
관찰하듯 매 순간 지켜보고
나를 관찰하는 것이 바로 알아차림입니다

알게 되면 괴로움이 사라집니다
감정을 알아차리면 감정에서 벗어날 수 있게 됩니다.
기쁘면 기쁜 대로
슬프면 슬픈 대로
절대적인 자유를 만나는 마법

알아차림은 곧, 진짜 나를 만나는 법입니다

그대로 알아차리기

지금 운이 좋지 않다면, 그건 누구의 탓도 아니다. 세상사는 마음과 말과 행동으로 반죽된다. 자연은 거꾸로 가지 않는다. 흐름에 따라 인정하고 받아들인다. 그대로 그대로 맡기자. 그대로 그대로 알아차리자. 다만 일어나는 걸 그대로 보면 된다. 바투 알아차려야 한다.

욕심이 나면 욕심을 알아차리기
질투가 올라오면 질투를 알아차리기
분별을 하면 분별을 알아차리기
부정적인 마음이 들면
부정적인 마음을 알아차리기
분노가 일어나면 분노를 알아차리기
비교하는 마음이 생기면
남과 비교하는 마음을 알아차리기

나는 매 순간 알아차릴 수 있으매
감사합니다
감사합니다

긍정으로 알아차리기

오늘도 좋아졌다. 말할 것도 없이 좋아졌다. 이 순간 좋아진 것에 감사하면 또 한 번 좋아질 것이 생긴다. 너무 멀리 보지 마라. 그저 하루 조금 더 전진했다는 것만 봐라. 좋아지지 않았다고 느껴지면 반드시 좋아진다고 믿어라. 정말 좋아진다.

나는 좋아진다

나는 좋아지고 있다

나는 매일 좋아진다

나는 모든 면에서 좋아지고 있다

감사하게도 오늘도 좋아졌다

덕분에 매일매일 좋아지고 있다

매일 좋아지고 있어 참 감사하다

좋아짐은 이제 나의 흐름이다

좋아지는 것을 이제 직접 느낀다

나는 반드시 좋아진다

나는 모든 면에서 반드시 좋아진다

매일매일 모든 면에서
어김없이 좋아지고 있으매
감사합니다
감사합니다

믿음으로 알아차리기

믿어보라, 일단 거기서 시작이 된다. 다르든 같든 공통점을 찾아보자. 이해하면 받아들여진다. 새로운 것을 겁내지 마라. 감사히 받아들여보라. 그러면 받아들이는 힘이 생긴다. 행동해보라. 말보다 실천을 하다 보면 스스로에 대한 믿음이 생기게 된다. 감사해보라. 우린 모두 신의 선택을 받은 존재이니, 그의 돌봄에 먼저 감사해보라.

나는 나를 믿는다

나는 내 인생을 믿는다

나는 잘될 거란 걸 믿는다

나는 좋은 일이 생긴다는 걸 믿는다

나의 행복은 점점 커질 거란 걸 믿는다

나는 좋은 일이 함박눈처럼 내릴 거란 걸 믿는다

나는 희망의 존재가 될 것이란 걸 믿는다

나는 내 인생이 행복할 거란 걸 믿는다

나는 내가 생각하고 말하는

모든 소원들이 이미 나에게 끌려오고 있음을 믿는다

어떠한 순간에도
변함없이 나를 믿을 수 있으매
감사합니다
감사합니다

태도 알아차리기

어디에 있든 알아차리고 무엇을 하든 알아차리니 그제야 삶이 보이더라. 삶이란, 인생 길 위에 어떤 일이 생기는 것에 따라 결정되는 것이 아니라. 어떤 태도를 취하느냐에 따라 결정된다.

나는 나의 태도를 알아차린다

나는 겸손하다

나는 남을 원망하지 않는다

나는 자랑하지 않는다

나를 내세우지 않는다

나는 무례한 말을 하지 않는다

나는 무례한 행동을 하지 않는다

나는 상대방을 인정한다

나는 상대방을 이해한다

나는 상대방을 존중한다

매 순간 말과 행동을
철저히 알아차림하고 있으매
감사합니다
감사합니다

마음 내며 알아차리기

흘러간 인연 흘러가게 놓아두고, 흘러간 그 빈자리에 작은 들꽃 씨앗 심는다. 싹 하나 틔우고 꽃잎 송이 피우면 이 생에 만난 모든 이들에게 그 향기 나누리. 짓고 지은 인연 자리, 눈앞에 보이는 모든 존재. 내 마음 지은 대로 나타나고 보여지네. 다만, 마음 낸다.

날마다 좋은 인연이 찾아온다
물 흐르듯 좋은 인연이 찾아온다
지금 만나는 모든 인연에 감사한다
지금 만나는 인연이 최고의 인연이다
지나간 모든 인연 덕분이다
당신도
나도
우린 참 좋은 인연이다
희망의 인연

세상 모든 인연들이
희망의 인연임을 알게 해주셔서
감사합니다
감사합니다

말속에서 알아차리기

잠시 닫아도 좋다. 잠시 쉬어도 좋다. 잠시 멈춰도 좋다. 잠시 하지 않아도 좋다. 조금 오랫동안이라도 좋다. 입은 화를 불러들이는 문이라 항상 자물쇠를 잘 잠가둬야 한다.

나는 말한다 – 좋은 말

나는 말한다 – 긍정적인 말

나는 말한다 – 부드러운 말

나는 말한다 – 자상한 말

나는 말한다 – 따뜻한 말

나는 말한다 – 여유로운 말

나는 말한다 – 사랑스러운 말

나는 말한다 – 미소 짓는 말

나는 말한다 – 기쁨의 말

나는 말한다 – 꼭 필요한 말

나는 말한다 – 솔직한 말

나는 말한다 – 겸손의 말

나는 말한다 – 희망의 말

매사에 꼭 필요한 말만 알아차리매

감사합니다

감사합니다

삶을 알아차리기

산다는 것은, 힘들고 아픈 날이 지나면 좋은 날이 기다리고 있다는 것을 아는 것. 내 어깨를 짓누르는 무거운 삶의 짐도 어느새 물 흐르듯 흘러간다는 것을 아는 것. 누군 가 나에게 산다는 것이 무어냐고 묻거든, 눈앞에 대하듯 깊은 믿음을 내어 말하리. 그 저 희망이라고.

나는 산다

나는 그저 산다

나는 즐겁게 산다

나는 웃으며 산다

나는 잘 산다

나는 살아가는 것이 좋다

나는 살아가는 것이 즐겁다

살아가는 모든 순간이 희망이다

나는 희망 속에 산다

매 순간 희망 속에서
즐겁게 살고 있으매
감사합니다
감사합니다

받아들이며 알아차리기

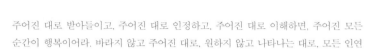

주어진 대로 받아들이고, 주어진 대로 인정하고, 주어진 대로 이해하면, 주어진 모든 순간이 행복이어라. 바라지 않고 주어진 대로, 원하지 않고 나타나는 대로, 모든 인연이 행복이어라.

나는 받아들인다

나는 인정한다

나는 이해한다

나는 지나간 일에 근심하지 않는다

나는 미래의 얻을 것에 집착하지 않는다

나는 내게 주어진 작은 것에 만족한다

나는 소소한 것의 기쁨을 안다

나는 남과 비교하지 않을 때의 행복을 안다

나는 먼저 상대를 존중할 때 좋은 인연이 됨을 안다

나는 현재 이 순간에 머무를 때 가장 행복함을 안다

작은 것에 만족하고
소소한 기쁨을 알게 해주셔서
감사합니다
감사합니다

하나라고 알아차리기

살다 보니 알게 되더라. 얼마나 급하게 살아왔는지. 살다 보면 느끼게 되더라. 얼마나 따지듯 살아왔는지. 내 생각 네 생각 별 차이 없다는 것을 알 때, 내 몸 네 몸 둘이 아님을 알게 되더라. 모두 한 끗 차이, 모두 한 숨 차이. 벼르고 별러봐도, 그게 그거더라.

나는 급한 마음을 알아차린다

나는 이기적인 마음을 알아차린다

나는 '나'와 '남'을 구별하는 마음을 알아차린다

나는 시기 질투의 마음을 알아차린다

나는 급하고 들뜬 마음을 알아차린다

나는 원하고 바라보는 마음을 알아차린다

나는 나와 남이 둘이 아님을 알아차린다

나는 몸과 마음이 연결되어 있음을 알아차린다

나는 이 세상 모든 것은 서로 함께 존재한다는 것을 알아차린다

구별하지 않고
들뜨지 않은 마음으로
살게 해주셔서
감사합니다
감사합니다

주체로 알아차리기

오로지 한 존재가 그것을 만들 수 있다면 그 존재는 나다. 오로지 한 존재가 그것을 할 수 있다면 그 존재 또한 나다. 이 세상을 만들어내는 유일한 존재. 삶의 모든 가능성이 나에게 열려 있다. 생각한 대로 세상은 보이고 나타난다. 보이는 대로, 들리는 대로, 느끼는 대로, 세상은 만들어진다.

내가 나를 만든다
나는 나를 바꾼다
나를 바꿀 수 있는 존재는 오로지 나밖에 없다
나는 내가 원하는 세상을 내가 직접 만들어간다
나는 신이 창조한 가장 위대하고 비범하며
세상에서 가장 멋진 존재다

나는 내가 원하는 모든 것을 가질 수 있다
내가 원하는 세상을 내가 만들어간다
나는 내가 원하는 대로 세상을 만들 능력이 있다
그 능력은 오직 내 안에 있다

이 세상 모든 것들을
내가 만들고 창조할 수 있으매
감사합니다
감사합니다

변화 속에 알아차리기

스쳐간다. 태산같이 큰 재산도… 바람 같다. 남들 부러워하는 큰 명예도… 소낙비 같다. 자랑할 만한 인연 관계도… 낙엽 같다. 강철 같은 체력도… 먼지 같다. 잠시 유명세가 찾아오면 마른 목줄기에 물 한 잔 들어왔다 여기고, 잠시 풍요로움이 다가오면 땡볕 아래 작은 나무 그늘 찾아왔다 여기고, 잠시 명예가 주어지면 볼을 스치는 한 점 바람이어라 여길지어다.

모든 것은 잠시다
모든 것은 지나간다
모든 것은 흘러간다
모든 것은 변한다
모든 것은 스쳐간다
모든 것은 흩어진다

나에게 오는 모든 인연이
변한다는 것을 알게 해주셔서
감사합니다
감사합니다

들뜸 속에 알아차리기

잠시 돌아가자. 들뜨고 급할수록 잠시 쉬어가자.
잠시 내려놓자. 욕심나고 성질날수록 잠시 놔버리자.

나는 잠시 쉬어간다

나는 잠시 내려놓는다

나는 잠시 놔버린다

나는 욕심을 알아차린다

나는 성냄을 알아차린다

나는 어리석은 마음을 알아차린다

나는 이기적인 마음을 알아차린다

나는 매 순간 있는 그대로 알아차린다

나는 매 순간 몸과 마음을 돌보며 알아차린다

잠시 내려놓으면
편해진다는 것을 알게 해주셔서
감사합니다
감사합니다

두려움 속에 알아차리기

먼 길을 떠나는 나그네는 넘어질 것을 두려워하지 않는다. 그저 다시 일어나는 횟수가
넘어지는 횟수보다 많으면 된다.

나는 두려워하지 않는다

나는 멈춤을 두려워하지 않는다

나는 주저앉음을 두려워하지 않는다

나는 넘어짐을 두려워하지 않는다

나는 일어남을 두려워하지 않는다

나는 그 어떠한 상황이 와도

두려워하지 않는다

그 어떤 고통 속에서도
나는 알아차리고
다시 일어날 것임을,
그 힘을 가진 존재가 나라는 것을
알게 해주셔서
감사합니다
감사합니다

천천히 알아차리기

천천히 지켜보면 자세히 볼 수 있다. 자세히 살펴보면 고요한 걸 만난다. 그것과 친구
되다 보면 평온해진다. 아주 좋다.

나는 평온하다
나의 마음은 항상 평온하다
나는 고요하고 평온한 마음이 유지된다
어떠한 순간에도 나의 정신은 맑고 깨끗하다
나의 뇌는 텅 비어 평온하고 맑다
나의 머릿속에는 밝음이 가득하다
가끔 슬프고 부정적인 생각이 일어나도 괜찮다
가끔 눈물 흘려도 괜찮다
이 모든 감정들은 순간의 감정이니
흘러 갈 것에 마음 내지 않는다
스스로 곰곰이 지켜보고 알아차리다 보면
어느 순간 슬프고 부정적인 생각은 소리 없이 사라진다
사라질 것에 마음 내지 않는다
아
다 사라졌다
아주 좋다

세상만사 지켜보고 알아차리면
고요를 만남을 알게 해주셔서
감사합니다
감사합니다

기대 속에 알아차리기

미워하는 마음은 누구에게나 찾아온다. 인생길에 따라다니는 꼬리표 같은 것. 왜 미워할까? 왜 그 사람을 미워하는 것일까? 그 사람에게 기대하는 마음 때문이다. 그 기대에 못 미치면 미워하는 마음이 올라온다. 그 사람에게 욕심내고 집착하기 때문이다. 그 바람을 채우지 못하면 미워하는 마음이 생긴다.

나는 바라지 않는다 원하지 않는다

나는 욕심내지 않는다 집착하지 않는다

모든 사람이 나를 알아주기를 바라지 않는다

모든 사람이 나를 사랑해주기를 바라지 않는다

나는 모든 이를 만족시키려 하지 않는다

나는 모든 이에게 잘하려 하지 않는다

나는 나에게 먼저 잘한다

나는 나에게 먼저 배려한다

나는 나를 먼저 이해한다

나는 나를 먼저 사랑한다

바라는 마음이 고통을 가져온다는
사실을 알게 되어서
감사합니다
감사합니다

미움 속에서 알아차리기

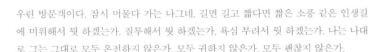

우린 방문객이다. 잠시 머물다 가는 나그네. 길면 길고 짧다면 짧은 소풍 같은 인생길에 미워해서 뭣 하겠는가. 질투해서 뭣 하겠는가. 욕심 부려서 뭣 하겠는가. 나는 나대로 그는 그대로 모두 온전하지 않은가. 모두 귀하지 않은가. 모두 괜찮지 않은가.

미워하는 마음이 올라오면 없애려 하지 않는다
그 어떠한 마음이 올라와도 인정한다
알아차린다
미움도 인정한다
그 어떤 마음도 알아차린다
그 어떤 마음도 사라진다
그 어떠한 생각도 결국엔 사라진다
미워하는 마음이 계속되면 이렇게 말한다
'내가 지금 미워하고 있구나'
'미워하는 감정이 올라오는구나'
다만 그 미운 감정을 바라보고 인정하고 알아차린다
그리고 놓아버린다

매 순간 알아차림 속에
살아갈 수 있게 해주셔서
감사합니다
감사합니다

감정 속에서 알아차리기

굴러다니는 구슬이라도 가슴으로 품으면 보석이 되고, 물 한 잔이라도 마음으로 마시면 보약이 된다. 흔한 인연이라고 잡초처럼 여기면 미련 없이 뽑을 것이고, 스치는 인연이라도 꽃이라고 여기면 서로 가꾸고 보듬는다. 이 인연 설령 영원치 않으나, 나뭇잎에 햇살 잠시 멈추듯 바람 위에 잔잔한 미소 불어오듯 서로의 꽃길 열어주고 다듬으며 함께 가자.

나는 꽃길을 걷는다
나는 기분이 좋다
나는 기분 좋은 사람이다
나는 세상에서 제일 기분 좋은 사람이다
나는 기쁜 사람이다
나는 세상에서 제일 기쁜 사람이다
나는 행복한 사람이다
나는 세상에서 제일 행복한 사람이다
나는 사랑스러운 사람이다
나는 세상에서 제일 사랑스러운 사람이다

내가 세상에서
가장 사랑스러운 존재라는 것을
알게 해주서서
감사합니다
감사합니다

인연 속에서 알아차리기

아무리 좋은 인연도 서로 노력 없이는 오래갈 수 없다. 아무리 나쁜 인연도 서로가 노력하면 좋은 인연으로 바뀐다. 하지만 아무리 노력해도 안 되는 인연은 물 흐르듯 흘려보낼 줄 알아야 한다.

나에게 좋은 인연이 찾아온다
나에게 날마다 좋은 인연이 찾아온다
나에게 날마다 좋은 인연이 물 흐르듯이 찾아온다
지금 내 옆에 있는 인연이 가장 좋은 인연이다
내가 만나는 모든 사람이 좋은 사람이다
세상의 모든 존재가 나를 깨닫게 해주는 고마운 존재이다
나에게 오늘도 좋은 인연이 찾아온다
나에게 찾아오는 모든 인연에 감사하다

지금 내 옆에 있는 인연이
가장 소중한 인연임을
알게 해주셔서
감사합니다
감사합니다

일상 속에서 알아차리기

일상이 행복인 줄 몰랐다. 평범함이 행복인 줄 몰랐다. 내 곁에 있는 것이 행복인 줄 몰랐다. 지금 이 순간이 행복인 줄 몰랐다. 지금 이 삶이 행복인 줄 몰랐다. 지나고 나서야 행복인 줄 알았다.

나는 행복하다

나는 매 순간 행복하다

나는 살아가는 순간순간마다 행복하다

행복은 평범한 일상 속에 항상 존재한다

나는 지금 여기 존재함에 감사한다

나를 둘러싸고 있는 모든 것이 행복의 원천이다

나는 지금에 살며 매 순간 감사한다

나는 이미 잘 살고 있으며 행복한 존재이다

나는 매 순간 기쁨을 알아차리고 매 순간 충실하게 살아간다

나는 지금 여기에서 숨 쉬는 것, 그것만으로 이미 충분하다

나는 마음을 활짝 열고 넓은 마음으로 매 순간 살아간다

내 삶은 내 마음이 원하는 것에 따라 흘러간다

나는 지금 이 순간 자유롭게 살며 지금 이 순간 내 삶을 즐긴다

지금 이 순간 행복이
충만하고 자유롭게 살고 있으매
감사합니다
감사합니다

시간 속에서 알아차리기

매일이 반복되는 것처럼 느껴져도 우린 매 순간 다시 태어난다는 것을 기억하자. 매일 아침 주어지는 24시간의 선물에 감사하는 마음을 기억하자. 지금 내가 맞이하고 스치는 세상이 모든 시절 인연의 덕분임을 기억하자. 감사하자. 모든 일들, 모든 사람들에게 감사하자.

나는 나를 낮춘다

나는 온유한 마음을 가진다

나는 우쭐되지 않으며 항상 말을 조심한다

나는 남을 존중하되 나를 내세우지 않는다

나는 먼저 상대방을 인정하고 이해하고 배려한다

나는 교만한 마음을 알아차리고 스스로를 자랑하지 않는다

나는 어떤 상황이 와도 남을 원망하지 않는다

나는 멈출 때와 나아갈 때를 안다

나는 쉴 때와 일할 때를 안다

나는 매 순간 모든 사람들에게
감사하는 마음이 일어남을
감사합니다
감사합니다

말투 속에서 알아차리기

내 삶을 180도 바꾼 말버릇이 있다. 지금부터 쓰면서 말로 해보라.

나는 이 세상에 단 하나뿐인 존재이다

나는 내 자신을 사랑하고 내가 참 좋다

나의 인생은 언제나 즐겁고 살 만하며 잘 진행되고 있다

나의 인생에 찾아올 놀라운 기적들이 나를 기다리고 있다

나의 삶 속에 드러날 행운의 기회들이 나를 찾아오고 있다

내가 가는 곳마다 좋은 인연이 나를 기다리고 있다

나의 삶은 언제나 기회가 가득하고 좋은 일들만 가득하다

나는 어떠한 상황이 와도 잘 이겨낸다

나는 언제나 긍정적이고 낙천적으로 살아간다

나의 주변에는 항상 긍정적이고 좋은 사람들이 나를 돕는다

나는 항상 사람을 만나는 게 즐겁고 행복하다

나는 지금 이 순간 행복해지기를 선택합니다

나는 내가 가지고 있는 모든 것에 감사합니다

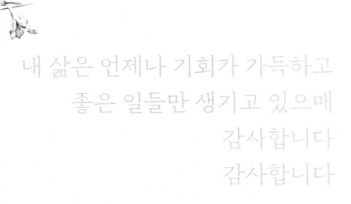

내 삶은 언제나 기회가 가득하고
좋은 일들만 생기고 있으매
감사합니다
감사합니다

여유 속에서 알아차리기

여유, 그것은 호감을 올리는 힘이다. 여유, 그것은 마음을 움직이는 힘이다. 여유, 그것은 사람을 움직이는 힘이다. 여유, 그것은 운을 끌어오는 힘이다. 여유로워라. 어느 자리든 다만, 여유로워라.

나는 여유롭다

나는 여유롭게 배려한다

나는 여유롭게 사랑한다

나는 여유롭게 살아간다

나는 매 순간 어느 곳이든 여유롭다

나는 여유로운 사람이다

나는 여유로운 존재다

어느 자리든 어느 곳이든
내 삶은 언제나
여유롭게 흘러가고 있으매
감사합니다
감사합니다

치유 속에 알아차리기

나아짐의 시작은 내 안에서 시작된다. 좋아짐의 출발점은 내 안에서 출발한다. 모든 것이 내 안에서 시작됨을 알면 내가 나를 치유할 수 있다. 시계를 만든 자가 시계를 고치듯 나를 만든 내가 나를 치유한다. 나는 치유의 힘을 가진 존재다.

내 몸은 편안하다

내 몸은 지금 따뜻하다

내 영혼은 지금 따뜻하다

내 몸이 지금 치유되며 회복됨을 안다

지금 이 순간 내 마음과 몸이

점점 더 좋아지고 건강해짐을 알고 있다

나의 몸이 희망으로 가득 찬다

나의 마음이 희망으로 가득 찬다

어느새 모든 것이 극복되고 좋아진다

이미 내 마음은 치유되고 있다

이미 내 몸도 치유되고 있다

지금 이 순간 모든 면에서 좋아지고 있다

지금 이 순간 모든 면에서 치유되고 있다

내가 나를 치유할 수 있으매
감사합니다
감사합니다

흘러감을 알아차리기

곤란하고 어려워도 그저 알아차린다. 우울하고 슬퍼도 그저 알아차린다. 지금 이 순간이 지나면 흩어진다는 것을. 나는 다만 알아차린다. 물 흐르듯 흘러가고 옅어지고 결국엔 사라진다는 것을. 나는 다만 알아차린다. 이 순간이 지나면 평온한 마음이 찾아온다는 것을. 나는 다만 알아차린다. 알아차리니, 모든 것이 흘러간다.

나는 알아차린다

나는 다만 알아차린다

나는 생각 내지 않고 알아차린다

나는 감정 내지 않고 알아차린다

나는 순간순간 알아차린다

나는 모든 상황에 알아차린다

나는 알아차림의 주체다

내가 바로 알아차림이다

결국엔 사라지고 변화할 것에
큰마음 내지 않게 해주셔서
감사합니다
감사합니다

이 순간 속에서 알아차리기

알아차림이란, 내 주변에 일어나는 모든 순간들을 매 순간 온전히 있는 그대로 바라보며 지금 이 순간 현재에 머무르는 것이다. 과거는 이미 지나갔고, 미래는 아직 오지 않았다. 확실한 건 지금뿐이다.

나는 지금 존재하고 있다

나는 지금 여기에 머물고 있다

나는 지금 숨 쉬고 있다

나는 지금 여기 이 순간이 전부다

나는 지금 안에 머문다

나는 지금 안에 존재한다

다만, 지금

다만, 이 순간

그것만이 진짜다

그것만이 전부다

지금 숨 쉬고 있는 순간
내가 살아 있는 지금 이 순간이
모든 순간임을 알게 해주셔서
감사합니다
감사합니다

알아차림의 기도

나는 오늘도
살아 있음을 알아차립니다
나는 오늘도
숨 쉴 수 있음을 알아차립니다
나는 오늘도
존재할 수 있음을 알아차립니다
나는 오늘도
내가 사랑 그 자체임을 알아차립니다

나는 오늘도 그 누가 뭐래도
내가 바로 희망임을 알아차립니다

알아차립니다
알아차립니다

DAY 76~DAY 100

4단계

―――――

흘
러
가
기

살아가는 것은 곧
흘러가는 것입니다
내 삶을 내가 살아가는 것
인생의 시작과 끝을 맞이하는 것
그 강물 속으로 흘러가는 것
내 인생의 대본을 내가 쓴다는 것
내가 직접 만들어간다는 것
그것이 나로 살아가는 길이며
그것이 나로 흘러가는 길입니다

어느 곳이든 살아가고
어느 인연이든 살아가고
어느 하늘 아래고 살아가는 것

내 삶이니 내가 흘러가고
내 삶이니 내가 살아가고
삶이 바로 나이니

흘러가기는 곧, 대자연이 되는 것입니다

잡지 않고 흘러가기

시름하면 다치게 되고 걱정하면 아프게 된다. 괴로우면 흔적이 남고 움켜쥐면 자욱이 뚜렷해진다. 쓸 수도 없고 사용할 수도 없는 부스러기 같은 모래성. 본래 없는 것에 목을 매다니, 없는 것도 생겨나 내 몸을 옥죈다. 흘러가 보니 흔적도 없고, 다시 보니 아무것도 없다.

나의 생각이 흘러간다
모든 생각이 사라진다

나의 고민이 흘러간다
모든 고민이 사라진다

나의 걱정이 흘러간다
모든 걱정이 사라진다

흘러가니 편안하다
흘러가니 평온하다

내 삶의 모든 상황이
자연스럽게 흘러가매
감사합니다
감사합니다

존재하며 흘러가기

눈 뜨니 아침, 눈 감으니 밤이네. 순조롭게 흘러가고 조화롭게 풀려가네. 존재하니 흘러가고 흘러가니 이도 저도 없네.

오늘을 귀하게 여길 수 있음에 감사한다

오늘도 주어진 시간에 감사한다

오늘도 건강이 매일매일 나아지고 있음에 감사한다

오늘도 어제보다 더 나은 하루를 위해

최선을 다 할 수 있음에 감사한다

오늘도 좋은 일이 생기고 있음에 감사한다

오늘도 더 건강해짐에 감사한다

오늘도 모든 일이 순조롭게 풀려가고 있음에 감사한다

오늘도 나는 존재한다

오늘도 나는 흘러간다

조화롭게 하루하루
순조롭게 흘러가고 있으매
감사합니다
감사합니다

자존감 속에 흘러가기

비워도 비워지지 않은 듯, 채워도 넘치지 않은 듯. 누려도 누림이 없고 안아도 답답하지 않듯이 나를 채우라. 그러나 넘치면, 바로 흘려보내라.

나는 오늘도 긍정적인 마음으로 채운다

나는 오늘도 사랑으로 나를 가득 채운다

나는 항상 내 자신을 안아준다

나는 내가 어떤 선택을 하든 나를 지지하고 사랑한다

나는 지금 모습 그대로의 내 존재를 사랑한다

나는 큰 풍요로움과 부와 행복을 누릴 자격이 있는 존재다

나에게는 항상 좋은 일만 일어난다

나는 지금 있는 그대로 충분하고 괜찮은 존재다

나는 나를 진심으로 아끼고 사랑한다

매일매일 나를 사랑으로 채운다

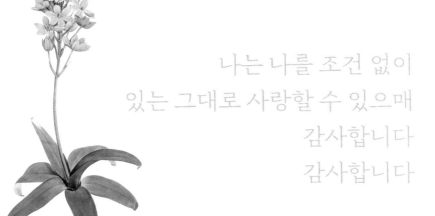

나는 나를 조건 없이
있는 그대로 사랑할 수 있으매
감사합니다
감사합니다

귀함 속에 흘러가기

귀한 거 찾아 헤매던 시절, 좋은 거 물어물어 찾아가던 그 시절, 신기한 거 수소문해 마주하던 그 시절. 되돌아보면 이 세상에 나보다 더 묘한 거 없었다. 세상일 잘 풀리지 않고 운이 좋지 않다 여긴 시절, 알고 보니 내가 나를 귀하게 여기지 않아서였다. 내가 나를 귀하게 여기고 내가 나를 아끼고 돌볼 때, 이 세상에 수많은 선신들이 나를 아끼고 돌봐주었다.

나는 귀한 존재이다

나는 참 귀한 존재이다

나는 소중한 존재이다

나는 참 소중한 존재이다

나는 지금 이대로 귀한 존재이다

나는 지금 이대로 소중한 존재이다

나는 지금 이대로 감사한 존재이다

지금까지 잘 살아온 나에게 감사한다

나는 이 세상에 단 하나뿐인 귀한 존재다

나는 이 세상에 단 하나뿐인 나를 사랑한다

이 세상에 단 하나뿐인 나를
귀하게 여기고 살아갈 수 있으매
감사합니다
감사합니다

오늘 속에 흘러가기

태어나 보니 오늘. 자세히 보니 조금 전 뒤. 또다시 보니 어제. 눈 비벼 보니 다시 오늘.

나는 오늘 다시 태어났다

나는 오늘을 선물 받았다

이 축복 받은 하루 속

내가 걷는 모든 길들은 평화롭다

내가 하는 모든 말들은 향기롭다

나는 머문 모든 자리마다 평온을 주는 존재다

내가 머문 모든 자리마다 안식과 고요를 주는 존재다

나에겐 오늘이 가장 아름답고

나에겐 오늘이 가장 소중하며

오늘이 생애 최고의 날이다

매일매일 다시 태어나매
감사합니다
감사합니다

웃으며 흘러가기

돌처럼 굳어 버릴 수도 있다. 고장 난 시계처럼 멈춰 버릴 수도 있다. 지금 웃지 않으면.

나는 웃는다
내 얼굴에 언제나 웃음이 느껴진다

나는 매일매일 웃는다
나는 언제나 웃는다
내 집, 내가 일하는 곳, 어느 곳에서도 웃는다
나는 언제나 미소가 가득하다

내가 웃으니 세상도 웃고
세상이 웃으니 나도 웃는다
웃음의 주인공이 바로 나다
언제나 미소 지으며 살아간다
나의 미소는 사랑으로 가득 차 있다
내가 웃으니 웃음이 피어나는 세상이 된다

살아가는 매 순간
웃음을 잃지 않고 살아가는 나에게
감사합니다
감사합니다

주인으로 흘러가기

서 있는 곳. 주인은 나. 머무는 곳. 주인 또한 나. 주눅 들지 마라. 주인은 나니까.

나는 주인이다
나는 어느 곳이든 주인이다
나는 어느 자리든 주인이다
그 어떠한 곳에서든 주인이다
어느 곳에 존재하든 그 자리의 주인이다

나는 주인으로 살아간다
나는 주인으로 머무른다
나는 주인으로 흘러간다

내 인생의 주인은
바로 나임을 알게 해주셔서
감사합니다
감사합니다

멈추지 않고 흘러가기

이루어진다. 반드시. 그 길은 이루어지는 길이다. 우주가 나를 향해 말하고 있다. 그 길은 이미 이루어진 길이라고. 그러니 묵묵히 나아가라. 쉬어도 괜찮다. 다만 멈추지만 마라. 결국은 될 거니까. 결국 된다.

나는 이루어진다

나는 반드시 이루어진다

나는 생각한 대로 이루어진다

나는 멈추지 않는다

나는 여전히 정진한다

나는 묵묵히 흘러간다

나는 큰 믿음으로 흘러간다

나는 우주의 질서에 따라 이루어진다

나는 우주의 흐름에 따라 흘러간다

결국 이루어질 수밖에 없음을
알게 해주셔서
감사합니다
감사합니다

실천 속에 흘러가기

움직이자. 멈춰 있으면 계속 유리병 안에 있게 된다. 멈춰 있으면 지금 네가 있는 그 유리만 보인다. 행동하자. 머무르지 말고 변화하다 보면 보이지 않던 언덕도 나타나고 시원한 강줄기도 만나고 향기로운 정원도 기다리고 있다. 그러니, 지금 움직이자. 두 손 잡고 함께 갈 테니.

나는 말에 머무르지 않고 직접 실천한다

나는 급하지 않고 더 신중히 되돌아본다

나는 독단적이지 않고 사려 깊고 따뜻하다

나는 불안하지 않고 평온하다

나는 혼탁하지 않고 맑은 정신 상태이다

나는 나를 격려하고 배려한다

나는 과거와 미래에 있지 않고 현재에 머문다

나는 게으르지 않고 매사에 성실하다

나는 안주하지 않고 도전한다

나는 거짓 속에서 벗어나 정직하고 진실하다

나는 머무르지 않고 변화한다

나는 어떠한 절망 속에서도 희망을 본다

나는 머무르지 않고 물 흐르듯 흘러간다

아무리 힘든 순간이 오더라도
내가 내 곁에 있음을
알게 해주셔서
감사합니다
감사합니다

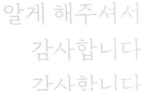

흔들리며 흘러가기

흔들려도 괜찮다. 잠시 흔들려도 괜찮다. 흔들리며 사는 것이 인생이다. 비가 내리면 비를 흘려보내고 눈이 내리면 눈을 맞이하며, 흔들리면 흔들리는 대로 멈추면 멈추는 대로. 다만 알면 된다. 흔들림은 비상을 위한 시간이다.

흔들려도 괜찮다
잠시 지쳐도 괜찮다
가끔 놓아버려도 괜찮다
잠시 쉬어도 괜찮다
가끔 내려놓아도 괜찮다

다시 난 비상한다
다시 난 일어선다
다시 난 치유된다
다시 난 개선된다

잠시 멈추더라도
나는 다시 시작할 수 있는
힘이 있다는 것에
감사합니다
감사합니다

바라는 마음 흘러가기

가난하지 않기를 바라지 말고, 병나지 않기를 바라지 마라. 늙지 않기를 바라지 말고, 죽지 않기를 바라지 마라. 원하든 원하지 않든 모든 것은 변한다. 지금 이 마음이 변치 않기를 바라지 마라. 지금 이 사랑이 변하지 않기를 바라지 마라. 마음 베인다. 고통의 시작은 변하는 것을 변하지 않게 하려는 마음에서 시작된다.

모든 것은 흘러간다
세상 모든 것은 흘러간다
모든 것은 변한다
세상 모든 것은 변한다

놓아버린다
나는 욕심을 놓아버린다
나는 애착을 놓아버린다
나는 지금 이 순간을 놓아버린다
나는 지금 그대로 편안하게 흘려보낸다

물 흐르듯 그저 편안하게 흘러간다
붙잡지 않으니 모든 괴로움이 흘러간다
모든 것을 놓아버린다
모든 것은 흘러간다

모든 것을 놓아버리고 흘려보낼 때
모든 것이 나에게 다가옴을
알게 해주셔서
감사합니다
감사합니다

일상 속에 흘러가기

나만 불행하다고 생각될 때가 있었다. 나만 행복하지 않다고 좌절한 적이 있었다. 무엇이 그렇게 나를 아프게 하고 힘들게 하였던가. 알게 되었다. 행복하고 싶다면 행복할 수 없다는 것을. 행복을 좇을수록 행복은 더 멀리 달아난다는 것을. 행복을 구하려는 집착을 내려놓으니 편하더라. 그땐 몰랐다. 괴롭지 않으면 행복한 것이라는 것을.

나는 행복합니다
나는 지금 행복합니다
나는 행복한 사람입니다
나는 행복한 인생입니다
나는 행복한 인생을 살고 있습니다

나는 참 행복한 존재입니다
나는 참 행복한 인생을 살고 있는 존재입니다

참 행복합니다
그래서 감사합니다
행복한 인생을 살게 해주셔서
참 감사합니다

매 순간 행복한 순간에
머물고 있었음을 알게 해주셔서
감사합니다
감사합니다

애착 속에 흘러가기

나이가 들수록 내 삶이 예전보다 조금 더 평온해지려면 지금 계속 이어나가야 할 것과 버려야 할 것, 끊어내야 할 것을 구별해야 한다. 조금씩 줄이고 비우고 끊어내야 편안해진다. 애착하지 마라. 끊으면 편안해진다.

나는 애착하지 않는다

나는 끊어낸다

나는 미련 갖지 않는다

나는 지금 끊어낸다

나는 비운다

나는 이 순간 비운다

나는 흘려보낸다

나는 지금 이 순간을 흘려보낸다

나는 흘러간다

흘러간다

애착을 내려놓고 흘려보낼 때
편안함이 온다는 것을 알게 되어서
감사합니다
감사합니다

나를 아끼며 흘러가기

나이가 들어도 혼자여도 좋다. 인간은 다만 혼자 와서 혼자 간다. 짧고도 긴 여정 길에 오롯이 함께하는 유일한 존재, 바로 나. 많이 힘들었다. 참 많이도 지쳤다. 그동안 참 애썼다. 참 고맙다.

나는 나를 아낀다
나는 나를 챙긴다
나는 나를 이해한다
나는 나를 배려한다
나는 나를 위로한다
나는 나를 소중히 여긴다
나는 나를 진정으로 사랑한다

나이가 들수록
혼자만의 시간이 나를 성숙하고
나를 돌보는 방법이란 것을
알게 해주서서
감사합니다
감사합니다

걱정 안에서 흘러가기

1년 전에 무슨 걱정을 했을까 기억하려 해도 그 기억은 어디에도 없다. 지금 하고 있는 걱정은 시간이 지나면 별 걱정 아니었음을 안다. 머물지 마라, 그 걱정 속에. 마음 쓰지 마라, 그 쓸데없는 것에. 당신의 걱정은 항상 너무 앞서간다.

나는 흘러간다
나는 그저 흘러간다
나는 걸리지 않고 흘러간다
나는 어느 것에도 걸리지 않고 흘러간다
나의 모든 순간이 물 흐르듯 흘러간다
나는 오늘도 흘러간다
나는 매일매일 흘러간다
나는 여전히 흘러간다
흘러간다

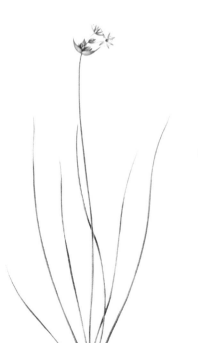

지금 하는 걱정이
아무 부질없다는 것을
알게 해주셔서
감사합니다
감사합니다

아픔 속에 흘러가기

내 삶에 아무리 큰 슬픔의 파도가 폭풍우처럼 밀려와도 모든 것은 지나간다. 지친 하루가 발걸음마저 멈추게 하고 밤새 기도하던 간절한 발원이 물거품으로 사라져가도 모든 것은 지나간다. 누구하나 내 편이 아닌 듯 외로울 때도, 모든 것은 흘러간다. 사랑하던 사람이 상처만 남기고 떠나 마음이 시려오는 밤이 찾아와도 모든 것은 지나간다.

모든 것은 지나간다

모든 것은 흘러간다

모든 순간도 지나간다

모든 순간도 흘러간다

모든 인연도 지나간다

모든 인연도 흘러간다

지치고 힘든 삶 속에서도
밤잠을 설치며 고통스러울 때도
이 또한 지나간다는 것을
알게 해주셔서
감사합니다
감사합니다

우리 안으로 흘러가기

용서해보자. 내가, 나를. 그래야 내가 남을 용서할 수 있다. 이해해보자. 내가, 나를. 그래야 내가 남을 이해할 수 있다. 받아들여보자. 내가, 나를. 그래야 내가 남을 받아들일 수 있다. 사랑해보자. 내가, 나를. 그래야 내가 남을 이해할 수 있다.

내 곁에 있는 모든 인연을 용서하시길
내 곁에 있는 모든 인연을 이해하시길
내 곁에 있는 모든 인연이 건강하시길
내 곁에 있는 모든 인연이 편안하시길
내 곁에 있는 모든 인연이 안전하시길
내 곁에 있는 모든 인연이 행복하시길
내 곁에 있는 모든 인연이 평온하시길
내 곁에 있는 모든 인연이 희망이시길

나를 이해하고 용서하는 것이
남을 이해하고 용서하는 것임을
알게 해주셔서
감사합니다
감사합니다

나를 안으며 흘러가기

살아가다 보면 깊은 물을 만날 수도, 큰 파도를 마주할 수도 있다. 고통과 깊은 괴로움이 찾아와도 나는 다시 한번 일어날 것이다. 아무리 힘들고 어렵고, 숨을 죄어오는 아픔이 찾아오더라도 나는 다시 한번 일어날 것이다. 그저 창공 속 각자의 길을 비상하는 철새처럼 그렇게 멈추지 않고 전진할 것이다. 미소 지으며, 그런 나에게 칭찬하며.

나야 잘했다 참 잘했어

나야 오늘도 참 잘했다

나야 오늘도 참 칭찬해

나야 오늘도 참 수고했어

나야 오늘도 참 덕분이야

나야 오늘도 참 괜찮았어

나야 넌 언제나 최고야

나야 넌 모든 순간이 기적이야

나를 일으켜 세우는
오직 한 사람이 있다면
그건 나라는 것을 알게 해주셔서
감사합니다
감사합니다

눈부시게 흘러가기

눈부시게 아름다운 날. 눈부시게 빛나는 나를 만나. 눈부시게 소중한 그대와 눈부시게
찬란한 삶을 살고 싶다.

지금 이대로 괜찮아

충분해, 잘하고 있어

너무 잘하고 있어

나야 고맙다 참 감사해

오늘 하루도 고맙다

감사해 너무 수고했어

오늘도 잘해줘서 고맙다

오늘도 잘살아줘서 고맙다 나야

참 고맙다 고마워

사랑해 사랑한다

힘든 세상 함께 살아줘서 고맙다

세상에서 가장 눈부신 존재가
나라는 것을 알게 해주셔서
감사합니다
감사합니다

선하게 흘러가기

마음 내시길. 선하게 말하시길. 선하게 행동하시길. 선하게 살아가시길. 선하게.

나는 오늘부터 선한 생각을 한다
나는 오늘부터 선한 말을 한다
나는 오늘부터 선한 행동을 한다

나는 항상 선한 생각을 한다
나는 항상 선한 말을 한다
나는 항상 선한 행동을 한다

나는 선하고 선한 마음으로 살아간다
나의 주변에는 선한 사람들이 가득하다
내가 만나는 모든 인연들이 선한 존재이다

선하면 선할수록
나에게 가장 큰 선물이
된다는 것을 알게 해주셔서
감사합니다
감사합니다

섬김 속에 흘러가기

어떠한 마음도 억지로 잘라내려 하지 마라. 없애려 하면 할수록 주홍글씨가 된다. 불안한 마음도 매몰차게 걷어내려 하지 마라. 모두 나의 과거로 인한 상처 때문이다. 다만, 깊은 상처조차 존중하고 섬겨라. 다만, 아픔과 고통의 기억조차 배려하고 화해하고, 다독여주라. 그 섬김이 반복될 때 그제야 마음속 그 아이가 울음을 그친다.

나는 나를 섬긴다
나는 나를 소중하게 섬긴다
나는 나를 그 누구보다 먼저 섬긴다

나는 나의 깊은 상처를 안아준다
나는 나의 아픈 과거를 안아준다
나는 나의 아픈 기억을 안아준다

나는 나를 배려하고 다독인다
나는 나를 이해하고 인정한다
나는 나를 존중하고 존경한다

나를 섬기고 다독이며
안아줄 수 있으매
감사합니다
감사합니다

흐름 속에 흘러가기

흐르는 강물은 뒤돌아보지 않는다. 다만 흘러간다. 뒤도 앞도 걱정하지 않고 다만 제 갈 길로 흘러간다. 다만, 지금 이 순간 흐르는 그 순간만 안다. 과거도 미래도 아니고, 오로지 지금 이 순간 속에 흘러감에 몰입한다. 그저 흐르는 대로, 이 순간을 감사하며 살아간다. 지금 그대로 흘러가며….

나는 흘러간다
나는 되돌아보지 않는다
나는 뒤돌아보지 않는다
나는 그저 묵묵히 내 길을 흘러간다
흐르는 대로 흘러가는 대로
모든 것들이 순조롭게 흘러간다
충만하게 흘러가고
감사하게 흘러가고
만족하게 흘러간다
나는 이미 충만하고 행복한 삶의 강물을 만났다
그래서 감사합니다
참 덕분입니다

과거도 미래도 아닌
오직 지금 이 순간에 흘러갈 수 있으매
감사합니다
감사합니다

여유 속에 흘러가기

잠시 호흡을 편안하게 해보자. 코로 깊게 숨을 들이마시며 들숨이라고 마음속으로 말하고 입술을 작게 하고 숨을 천천히 입으로 내쉬어보라. 두 번 더 해보자. 자, 이번에는 코로 숨을 편안하게 들이마시며 '하나'라고 마음속으로 말하고 코로 숨을 편안하게 내쉬며 '둘'이라고 마음속으로 말하면 된다. 금세 여유로워진다. 금세 평화로워진다.

나는 여유롭다
나는 매일매일 여유롭다
내 삶은 이미 여유롭다
숨 쉴 때마다 나는 여유롭다
나는 참 여유롭다
매일매일 모든 면에서 여유롭다
여유로운 내 삶이 참 고맙다

나는 평화롭다
나는 매일매일 평화롭다
내 삶은 이미 평화롭다
숨 쉴 때마다 나는 평화롭다
나는 참 평화롭다
매일매일 모든 면에서 평화롭다
평화로운 내 삶이 참 고맙다

나의 호흡이 매 순간
여유로워지매
감사합니다
감사합니다

신념 속에 흘러가기

이제 보인다. 뭔가 변화하고 있다. 뭔가 바뀌고 있는 건 확실하다. 믿음이 생긴다. 치유될 수 있다는 믿음. 이왕 이렇게 된 거 제대로 믿어보자. 이 세상 내가 나를 못 믿으면 아무도 나를 믿을 수 없다. 이제 나의 신념이 나를 일으켜 세울 때다. 바로, 지금.

모든 것은 반드시 치유된다
바로 나의 마음속에 그 치유력이 있다
어떤 병이든 어떤 아픔이든 어떠한 고통이든
어떠한 괴로움이든 어떠한 기억이든
모든 것은 반드시 치유된다

그 신념을 잊지 마라
그 신념이 바로 씨앗이고 종자다
그 믿음을 마음밭에 뿌려라
그리고 믿어라
그러면 반드시 원하는 바가 현실로 나타난다
그 기적과 치유의 힘이 기다리고 있다
이제 모든 것이 물 흐르듯이 바뀐다
다만, 그 물길을 따라 유유히 흘러가라
모든 것은 반드시 치유된다

이미 모든 일들이
순조롭게 흘러가고 있으매
감사합니다
감사합니다

비움 속에서 흘러가기

전에는 많이 원했다. 이미 충분히 있다는 걸 볼 수 없었으니까. 부족하다는 맘이 올라올수록 더 부족함이 가득해지더라. 이미 많은 걸 비웠다고 생각했지만 아직 많이 남아 있었다. 흘려보내고 비우고. 당분간 계속 하자. 숨이 붙어 있는 한.

나는 잘했다
나는 충분히 잘했다
나는 충분히 잘하고 있고
나는 앞으로도 잘할 거다
나는 지금도 잘하고 있다

그래 나는 충분히 잘했다
그래 나는 충분히 잘하고 있다
그래 나는 충분히 잘할 거다
그래 지금 그대로도 충분하다

앞으로도 잘할 거다
다 잘될 거다
걱정 마라
흘러간다

매 순간 비우고 흘려보내는 마음을
놓치지 않으매
감사합니다
감사합니다

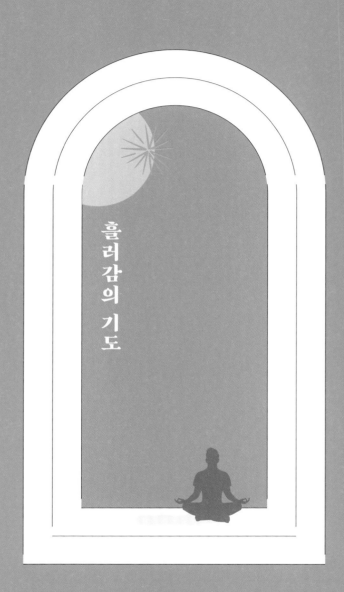

흘러감의 기도

나는
어떠한 일상을 만나든
그 일상에 막힘이 없고
어떠한 아픔을 만나든
그 아픔에 물들지 않고
어떠한 장애를 만나든
그 흐름에 거스르지 않는

매 순간 어느 자리든
물 흐르듯 흘러갑니다

흘러갑니다
흘러갑니다

두 손 모아 희망합니다

인생을 바꾸는 100일 마음챙김

초판 1쇄 2021년 9월 28일
　　8쇄 2024년 3월 20일

지은이 채환

발행인 박장희
대표이사·제작총괄 정철근
본부장 이정아
편집장 조한별
책임편집 최민경

기획위원 박정호

마케팅 김주희 박화인 이현지 한륜아

디자인 여만엽

발행처 중앙일보에스(주)
주소 (03909) 서울시 마포구 상암산로 48-6
등록 2008년 1월 25일 제2014-000178호
문의 jbooks@joongang.co.kr
홈페이지 jbooks.joins.com
네이버 포스트 post.naver.com/joongangbooks
인스타그램 @j__books

ⓒ채환, 2021

ISBN 978-89-278-1256-2   03190

중앙북스는 중앙일보에스(주)의 단행본 출판 브랜드입니다.